AF370087

SUCCESSION

DE

Mᵐᵉ la Marquise DE FLEURY, née D'HAUTPOUL

Objets d'Art

TROIS MAGNIFIQUES VASES LOUIS XVI

En Céladon fleuri, montés en bronze

EXPOSITION : HOTEL DROUOT, SALLE Nᵒ 3

Le Mercredi 12 Mai 1897

Mᶜ Henri OUDARD | Mᶜ G. DUCHESNE
Rue des Pyramides, 18 | Rue de Hanovre, 6

EXPERT : **M. B. LASQUIN**, rue Laffitte, 12

PARIS — 1897

IMPRIMERIE MAULDE et RENOU

MAULDE, DOUMENC & Cⁱᵉ

IMPRIMEURS DE LA COMPAGNIE DES COMMISSAIRES-PRISEURS

Rue de Rivoli, 144. — Paris

CATALOGUE

DE

OBJETS D'ART

Miniatures, Porcelaines, Bronzes, Meubles anciens

TROIS MAGNIFIQUES VASES LOUIS XVI

En Céladon fleuri, montés en bronze

TABLEAUX ANCIENS

Par MARTIN, VERDUSSEN, etc.

DÉPENDANT DE LA SUCCESSION

De Mme la Marquise DE FLEURY, née D'HAUTPOUL

ET DONT LA VENTE AURA LIEU

Par suite de décès

HOTEL DROUOT — SALLE N° 3

Le Jeudi 13 Mai 1897, à 2 heures

ET POUR LA CONTINUATION, SALLE N° 4

Le Samedi 15 Mai 1897, à 2 heures

COMMISSAIRES-PRISEURS

Me Henri OUDARD | Me G. DUCHESNE
Rue des Pyramides, 18 | Rue de Hanovre, 6

Assistés de **M. B. LASQUIN**, Expert, rue Laffitte, 12

EXPOSITION PUBLIQUE

Le Mercredi 12 Mai 1897, de 1 heure 1/2 à 5 heures 1/2

PARIS — 1897

CONDITIONS DE LA VENTE

———

Elle sera faite au comptant.

Les Acquéreurs paieront CINQ POUR CENT en sus des adjudications.

MAULDE, DOUMENC et Cⁱᵉ, imprimeurs de la Cⁱᵉ des Commissaires-Priseurs
rue de Rivoli, 144   1000—66460

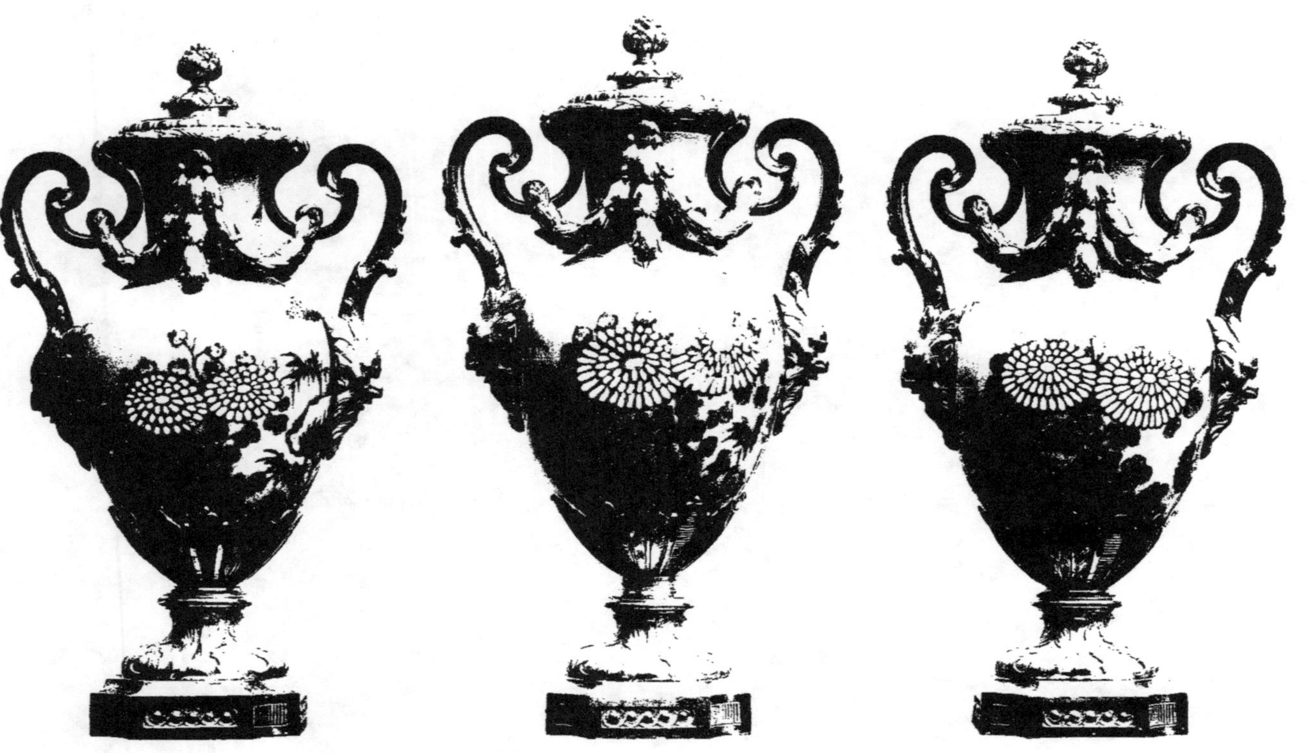

Phototypie Berthaud, 9, r. Cadet.

DÉSIGNATION

—

PORCELAINES MONTÉES

1 — Magnifique Garniture composée de trois Vases en ancien céladon fleuri de Chine à fond bleu empois orné de chrysanthèmes, d'oiseaux et d'insectes en émail blanc, bleu camaïeu et manganèse.   **38000**

Ils sont garnis de très riches montures de l'époque Louis XVI, en bronze finement ciselé et doré à piédouche, culots de feuillages, socles carrés à coins concaves avec frise de postes.

Deux anses volutes partant d'un mascaron sur la panse se relient à l'orifice entouré d'un tors de laurier auquel sont appendues deux guirlandes.

Les couvercles à godrons et boutons de fruits.

Hauteur du vase du milieu : H. 0^{m}43 ; L. 0^{m}22.
Hauteur des deux autres : H. 0^{m}41 ; L. 0^{m}21.

Ces Vases faisaient partie de la Succession de M. le Marquis d'Hautpoul et proviendraient, antérieurement, du Duc Philippe d'Orléans.

TABLEAUX

MARTIN

2 — Louis XIV et sa suite, passage du Rhin, siège d'une ville.

Signé et daté 1675.

VERDUSSEN

3 — Campement ; la reddition d'une ville.

WYLD (1850)

4 — Vue du golfe de Gênes.

ÉCOLE ITALIENNE

5 — La Mort de la Vierge.

6 — **Tableaux, Aquarelles et Gravures diverses.**

OBJETS DE VITRINE

7 — Belle Miniature ronde sur ivoire : Portrait de femme assise sur un banc de pierre dans un parc, vêtue d'une robe blanche, le bras gauche accoudé, la main droite tenant le bout d'une écharpe, le visage de face avec chevelure frisée.

8 — Boîte ronde en ivoire avec miniature sur le couvercle. Portrait de femme en buste, de l'époque Louis XV.

9 — Boîte ronde de l'époque Louis XV, en jaspe sanguin, avec monture à charnière en or.

10 — Boîte ronde en buis avec fixé. Sujet d'après TÉNIERS.

11 — Cafetière turque en filigrane d'argent.

PORCELAINES ET FAIENCES

12 — Moutardier et son Plateau avec sa Cuiller en vieux Saxe, décorés de tiges de fleurs.

13 — Théière en ancienne porcelaine de Sèvres, décorée de fleurs.

14 — Plat ovale en faïence de Rouen, décor bleu à lambrequins.

15 — Deux Vases seaux à glace, forme étrusque, en porcelaine de l'Empire, dorée.

16 — Deux Vases forme Médicis, en porcelaine Empire, décorés de paysages.

17 — Deux Vases à fleurs en ancienne faïence à feuillages en relief en vert et rose, bouquets de fleurs et oiseaux polychromes.

18 — Deux Figurines en vieux Saxe: Joueur de tambourin et Joueuse de triangle.

19 — Pot à crème en ancienne porcelaine de Sèvres, pâte dure et Tasses à café en porcelaine Louis XVI et Empire.

20 — Assiettes en porcelaine de Chine de la Compagnie des Indes.

21 — Tasses et Soucoupes en porcelaine du temps de l'Empire, de Nast et de Locré.

BRONZES

22 — Galerie de foyer à balustres en bronze.

23 — Deux Flambeaux de l'époque de l'Empire, à trépieds griffon sur bases triangulaires, en bronze doré et bronze vert.

24 — Girandoles et Flambeaux de style Louis XV, en bronze doré.

MEUBLES

25 — Encoignure Louis XIV en bois de placage avec réserves quadrillées en marqueterie, de forme contournée, avec dessus de marbre brèche d'Alep.

26 — Petite Console de l'époque Louis XV, à deux pieds et montant central en bois sculpté et doré, à dragons et ornements, la ceinture avec tête dans un ornement ajouré.

27 — Petite Console Louis XIV à deux pieds, volutes terminées par des têtes de femmes, ornements ajourés, bois sculpté et doré.

28 — Table à ouvrage Louis XVI en bois marqueté à filets.

29 — Jardinière Louis XVI à côtés cintrés, en bois d'acajou.

30 — Deux Glaces vénitiennes gravées avec cadres à contours en bois sculpté et doré.

31 — Ameublement de chambre à coucher en bois de rose orné de bronzes.

32 — Canapé et Fauteuils Empire, en acajou.

33 — Meubles d'entre-deux en marqueterie.

34 — Meubles courants, Glaces, Bronzes, Literie, Tentures, Linge, Batterie de cuisine, etc.